Made in the USA
Las Vegas, NV
07 February 2024

85436350R00069